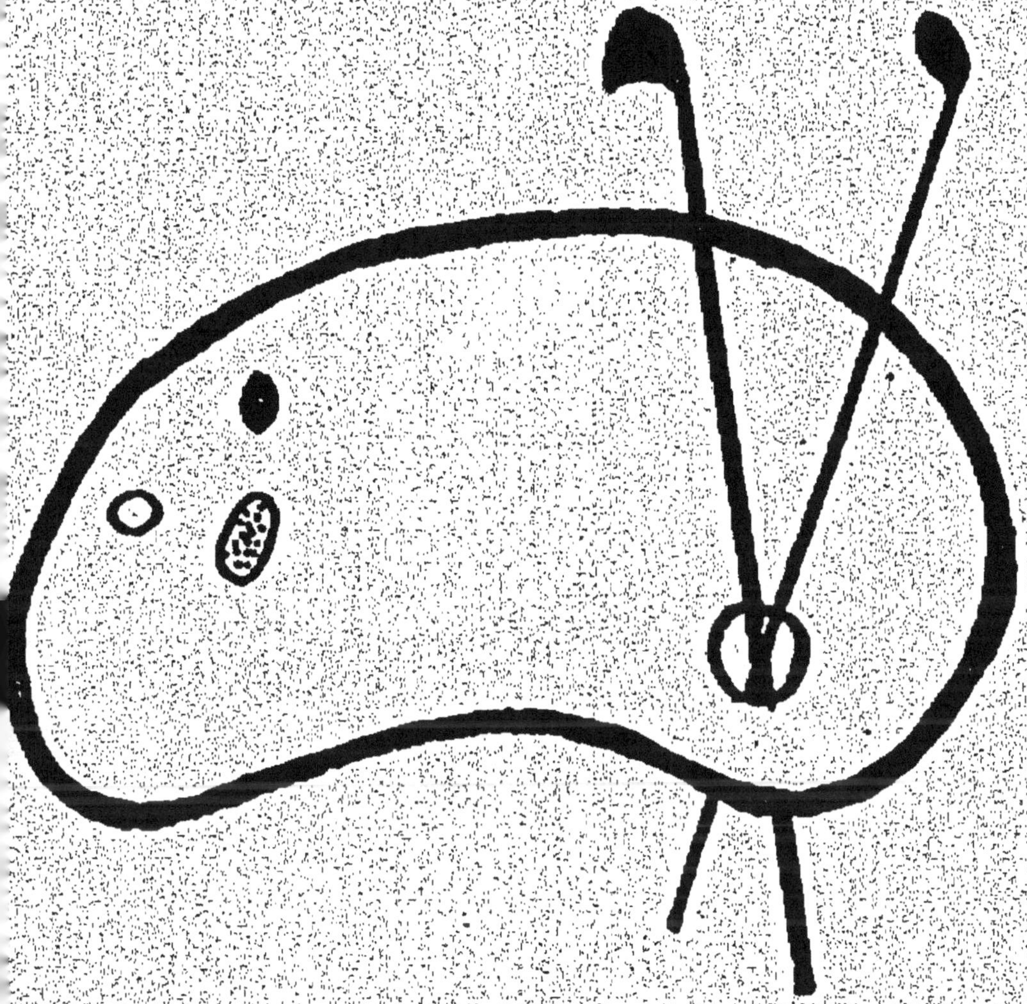

DEBUT D'UNE SERIE DE DOCUMENTS
EN COULEUR

LES GIROLAMI

(TOSCANE — FRANCE — CORSE)

PAR

Le Vicomte Oscar DE POLI

Ancien Préfet
Président du Conseil Héraldique de France
Directeur de la « Revue des Questions Héraldiques »

PARIS
CONSEIL HÉRALDIQUE DE FRANCE
45, Rue des Acacias, 45

1901

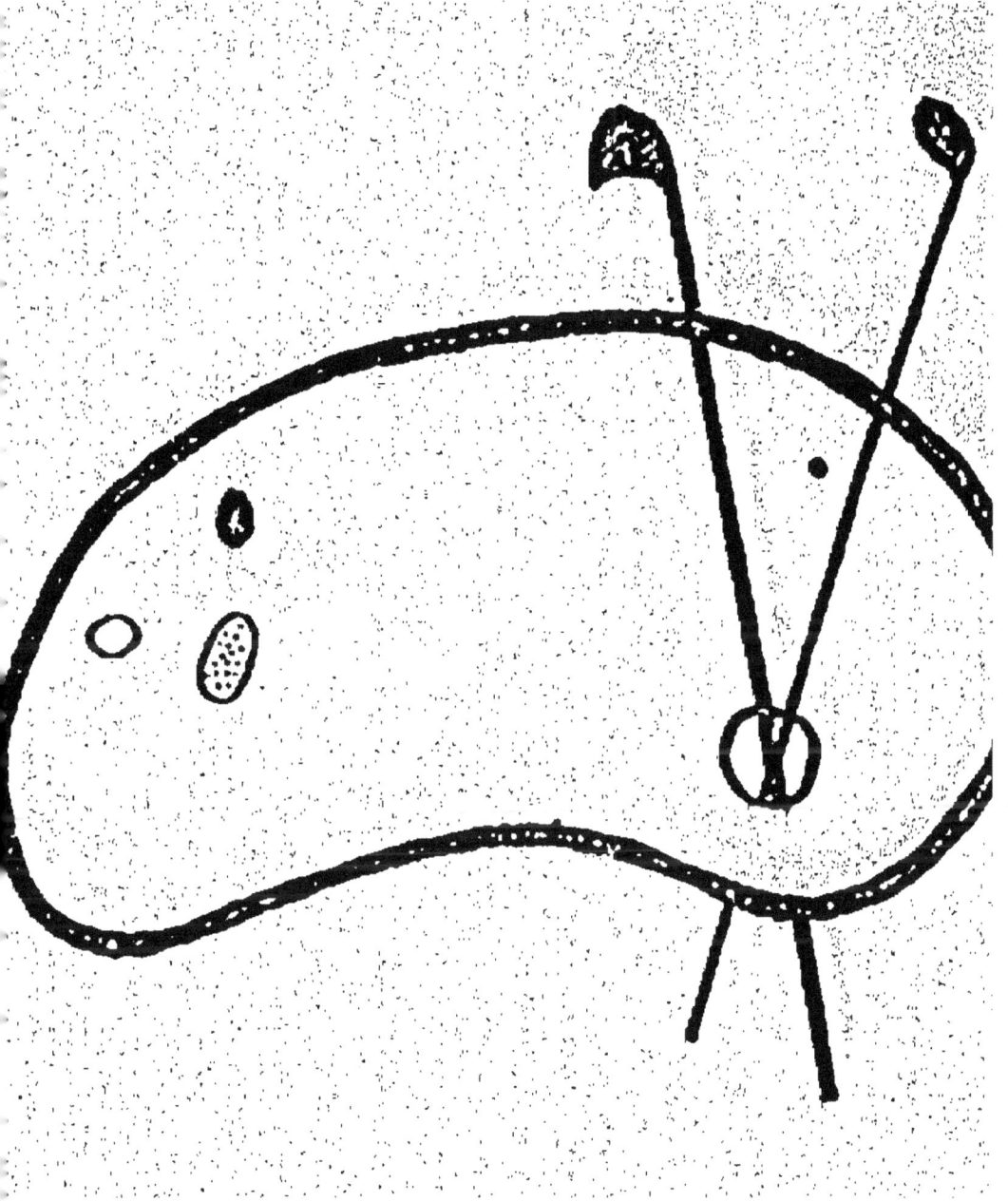

LES GIROLAMI

(TOSCANE — FRANCE — CORSE)

PAR

Le Vicomte Oscar DE POLI

Ancien Préfet
Président du Conseil Héraldique de France
Directeur de la « Revue des Questions Héraldiques »

PARIS
CONSEIL HÉRALDIQUE DE FRANCE
45, Rue des Acacias, 45

1901

LES GIROLAMI

(TOSCANE — FRANCE — CORSE)

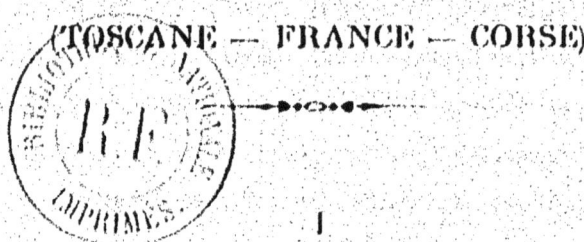

I

J'avais rencontré plusieurs fois ce vieux nom toscan dans le cours de mes recherches, d'abord lorsque je m'occupais de la république de Florence (1), puis lorsque j'écrivais mes notices sur les plus anciens régiments de France (2), enfin lorsque je recueillais les éléments d'une étude sur l'héroïque défense de Péronne (1536) (3). L'*Armorial de Corse* du comte Raoul Colonna de Cesari della Rocca m'avait appris que le nom de Girolami avait été représenté avec distinction dans l'île de Corse.

Ce nom m'intéressa, je projetai de colliger dans les manuscrits de la Bibliothèque Nationale les documents le concernant, et mon premier soin fut de prendre, dans la

---

(1) Dans mon livre, *La Royauté, Les Républiques*, 1881, p. 129-149.
(2) Publiées dans *La Patrie* 1891, sous le pseudonyme de *Chevert*.
(3) *Les Héros de Péronne*, dans notre *Annuaire*, t. XI, 1898, p. 67-164.

Collection dite des *Pièces originales*, la copie ou l'analyse du dossier *Girolami*. Un jeune et studieux écrivain m'avait devancé dans cette voie, M. le baron Maxime Trigant de Latour, ami d'un docte ecclésiastique corse, M. l'abbé François Girolami de Cortona, curé d'Appietto, officier de l'Instruction Publique (1), auteur de travaux d'érudition justement estimés.

Dans son *Encyclopédie universelle illustrée de biographie et d'histoire* (2), M. Maxime Trigant de Latour avait consacré au savant abbé une excellente notice biographique et généalogique, en laquelle se trouvaient analysés ou reproduits les neuf actes composant le susdit dossier *Girolami*. Parlant des ancêtres de son vénérable ami, il met d'abord en lumière l'antique illustration de « la Maison de Cortona, seigneuriale en Corse au IX° siècle, issue des Boniface, princes souverains de Toscane et de Corse, et par ainsi alliée à la dynastie de Charlemagne, Adalbert II, petit-fils de Boniface II, ayant épousé Berthe de Lorraine », petite-fille du grand empereur. « Les Cortona de Corse descendent de Guglielmo I de Cortona, dit *Corto* ou *Cortinco*, neveu d'Orlando, évêque d'Aleria. » De Guglielmo II descendaient » Aldobrando, seigneur de Giocatojo, dont la fille, Mathilde de Cortona, épousa Jean-François Girolami, souche des Girolami de Cortona », et « Oppizzo de Cortona, évêque de Mariana et seigneur de Vescovato...

« Les armes de la Maison de Cortona sont : *de gueules à la tour d'argent surmontée d'une balance de même, mouvante du*

---

(1) Nommé Officier d'Académie le 12 janvier 1895, pour son œuvre remarquée : *Géographie générale de la Corse*, et récemment Officier de l'Instruction Publique.

(2) Fascicule 2, si nous ne nous trompons. — Il est à désirer que l'auteur poursuive cette intéressante publication.

chef, au serpent d'or rampant au pied de la tour. Devise: *Virtus et prudentia*. » Et il est dit en note que « ces armes étaient sculptées sur un linteau de la tour de Giocatojo (tombé en 1828) », avec les insignes épiscopaux.

Lorsque je découvris la lettre du Cardinal Salviat recommandant au Grand-Maître de France Jacques Girolami, camérier du Souverain Pontife, j'eus l'honneur d'en écrire à M. l'abbé Girolami de Cortona, de qui je reçus une courtoise réponse (30 novembre 1899) dont j'extrais ces lignes :

« Dans ma famille il y a une tradition que nous avons eu à la Cour des Rois de France des personnages ; aucun écrit ne le prouve.... Je crois que ces Girolami sont partis de Corse avec le fils de Sampiero, et, comme nous descendons de Florence, que les Girolami étaient alliés aux Médicis par le sang, on comprend la faveur dont ils ont joui. »

Les documents qui vont suivre ne contredisent pas ces présomptions ; ils font de la simple tradition une réalité historique ; ils montrent en quel haut rang se trouvaient à Florence les Girolami, l'une des plus anciennes de la Noblesse ; il fallait, en effet, que les Girolami corses fussent d'une illustre extraction pour s'allier par mariage à la Maison de Cortona. Leurs *acta domestica* eussent confirmé indubitablement la tradition et les présomptions, mais ils ont péri dans la tourmente.

« A l'époque des dernières révolutions de la Corse, dit le baron Trigant de Latour, — la superbe république de Gênes avait détruit tous les actes publics concernant les familles nobles de l'île. Elle fit brûler plusieurs fois la tour de Giocatojo avec tous les papiers qu'elle contenait. Les Girolami perdirent dans ces guerres la plus grande partie de leurs biens ; leur famille se distinguait alors par quelques officiers au service de la France; parmi les derniers en date, les capitaines Jean-François et Philippe-Marie Girolami, oncles germains de M. l'abbé Girolami. »

Dans son *Dizionario delle Famiglie Italiane* (tome I, p. 483), M. le commandeur G.-B. de Crollalanza mentionne à Florence deux familles du nom de Girolami, également anciennes et distinguées, l'une et l'autre éteintes, et qu'il croit distinctes l'une de l'autre ; tandis que je verrais plutôt en elles deux branches importantes d'un même tronc, se différenciant par le surnom et par le blason.

Quoi qu'il en fût, on va voir que l'origine des Girolami corses se trouve déterminée sans conteste par M. de Crollalanza lui-même.

« GIROLAMI DEL CHIARO OU DEL TESTA, de Florence :

« Ils se trouvent déjà dans le conseil des Anciens en 1251. — Chiari, et Salvi, son fils, prirent part en 1260 à la bataille de Monteaperti ; ce Salvi fut le premier des trente-deux prieurs que les Girolami donnèrent à la république de 1282 à 1502. Geri di Testa fut ambassadeur près Grégoire XII. (Éteinte).

Armes : *Spaccato innestato d'argento e di rosso. (Coupé enté d'argent et de gueules.)*

« GIROLAMI DEL VESCOVO, de Florence :

« Autre famille, distincte de la précédente ; elle florissait dès 1260 que Giliotto, fils de Beliotto Girolami, se trouvait dans les rangs guelfes à la bataille de l'Arbia. Elle donna à la république quatre gonfaloniers et treize prieurs entre 1296 et 1529.

« Elle se divisa au XIV° siècle en deux branches ; la première, à laquelle appartenait Zanobi di Zanobi, fameux légiste et sénateur, s'éteignit en 1664. — De la seconde branche fut François, ambassadeur près Jules II en 1502 ; Raphaël, commissaire à Poggibonsi ; Jean, fait archevêque par Paul III ; autre Raphaël, archevêque de Damiette en 1728 et cardinal en 1743. (Éteinte).

« Armes : *d'argent à la croix de Saint-André de sable, accompagnée en chef d'une mitre épiscopale d'or.* »

Ces dernières armoiries sont exactement celles que portent les Girolami corses, écartelées avec celles de Cortona. Le doute n'est donc pas possible : ils sont issus des Girolami *del Vescovo*, et ce surnom explique la mitre épiscopale ajoutée à leur *croix de Saint-André*, qui paraît avoir été originellement le meuble unique de leur écu.

— Rietstap donne aux Girolami florentins ce blason :
« *d'argent au sautoir de sable, accompagné en chef de la tiare papale au naturel brochant sur deux clés d'or en sautoir.* »

Et le baron Trigant de Latour leur attribue aussi la Tiare, mais sans les clés :

« Les armes de la Maison de Girolami sont celles que portèrent Bernard de Girolami dès 1570 et Raphaël de Girolami dès 1588 : le gonfalon papal, c'est-à-dire : *d'argent au sautoir de sable surmonté de la tiare papale*. Bernard de Girolami entourait cet écu du collier de l'Ordre du Roi et le sommait du casque de front, flanqué de ses initiales B. G. d'un côté et de l'autre.

« A la Bibliothèque Nationale, registre 1336, cote 30186, on a le dessin de ces armes qui fut envoyé de Florence le 14 avril 1699, mais l'écu est italien, c'est-à-dire ovale.

« *Discorsi* de Berghini, page 57, on lit que les Girolami de Florence portent : *d'argent au sautoir de sable*.

« La tiare papale ne figure pas et le dessin représente le sautoir aboutissant aux quatre coins de l'écu. C'est le gonfalon papal simplifié. L'écu est de forme française.

« La Maison de Girolami porte aussi d'autres armes, elles sont coupé nébulé (*alias* denté) d'argent et de gueules (Ménestrier, Lyon, 1734). On retrouve ce dernier écu aux

Discorsi de Berghini, page 56, où l'écusson est représenté. »

On voit, par les citations de Berghini et du Père Ménestrier, que M. Maxime Trigant de Latour a consciencieusement étudié son sujet ; mais ni Berghini ni Ménestrier ne parlent de la tiare ni du « gonfalon papal », qui n'a rien à voir en l'espèce, et quant aux sceaux de Bernard et Raphaël Girolami (XVIe siècle), pas plus que la « petite peinture envoyée de Florence le 4 avril 1699 », ils ne portent trace de tiare : c'est uniformément une mitre (1) qui surmonte le sautoir ou croix de Saint-André.

Il se peut toutefois qu'un rameau ignoré des Girolami, pour se distinguer de ses aînés, ou pour manifester sa dévotion envers le Siège Apostolique, ait substitué dans son écu la tiare à la mitre, mais, encore une fois, pas un document, à notre connaissance, ne témoigne de cette substitution, qui résulte certainement d'une confusion. La mitre et le surnom *del Vescovo* (de l'Évêque) s'expliquent l'un par l'autre, tandis qu'il n'apparaît pas qu'il y ait eu des Girolami *del Papa*.

(1) Citons, comme curiosité héraldique, la mitre que porte en cimier sur son heaume, en 1347, Robert, sire de Freauville, chevalier (B. N., 500 Colbert, t. 137 fol. 48), peut-être parce qu'il avait pour surnom *Lévêque* ou *Labbé*, ou parce qu'il avait l'avouerie de quelque abbaye.

II

La lettre suivante, conservée en original à la Bibliothèque Nationale (Ms. français 3034, fol. 5), datée du 4 avril (1537 environ), c'est-à-dire dans le temps où Raphaël Girolami était gonfalonier de Florence, suffirait à étayer la tradition des Girolami de Corse. Cette lettre est adressée de Parme au Grand-Maître Anne de Montmorency, maréchal de France, qui fut fait connétable en 1538 et mourut glorieusement le 12 novembre 1567, de blessures reçues l'avant-veille à la bataille de Saint-Denis, enseveli dans sa victoire sur les révolutionnaires huguenots.

Le corps de la lettre est d'un secrétaire, la signature seule est de la main du Cardinal Jean Salviati, *né à Florence* le 24 mars 1490, de race très illustre, fils de Jacques Salviati, *Grand Gonfalonier de Florence* en 1513 (1), et de *Lucrèce de Médicis*, sœur du grand Pape Léon X et *grand'tante de la reine Catherine de Médicis*. Ce Jacques Girolami, lui aussi d'illustre famille florentine, est très certainement apparenté (2) à son éminentissime compatriote le Car-

(1) Fils de Jean Salviati, grand gonfalonier en 1455, petit-fils de Jacques Salviati, dit le Grand.

(2) Les Girolami sont, dès le XIIIe siècle, au rang des familles de la première Noblesse, à Florence, et toutes ces familles ont des liens de parenté. (D. Eugenio GAMURRINI, *Istoria genealogica delle Famiglie Nobili Toscane et Umbre*, 1668-1685, 5 vol. in fol., tome II, p. 67, 93, 236; tome V, p. 225). Les Cattani da Diacceto sont alliés aux Médicis et aux Girolami (Id., tome I, p. 323) ; les Tebaldi, aux Médicis aux Girolami, aux Salviati (I, 361) ; les Niccolini, aux Girolami, Gondi, Salviati (I, 523) ; les Gherardi, aux Girolami et aux Gondi (II, 93) ; les Capponi, aux Médicis, Girolami, Gondi (II, 479) ; les Pazzi, aux Médicis, Salviati, Girolami (III, 132) ; les Corsini, aux Médicis, Girolami, Salviati (III, 168) ; les Salviati, aux Médicis, aux Gondi, aux Pico de la Mirandole (IV, 183).

dinal-Neveu, et cette précieuse parenté, en outre de son mérite, n'aura pas été étrangère à sa nomination de « chambrier de nostre S¹ Père », — ni au choix que le Pape a fait de sa personne pour l'envoyer en mission secrète à la cour de France, où le Cardinal est bien connu, car avant d'être archevêque de Trani, il a été évêque d'Oleron et de Saint-Papoul ; il était légat du Pape en France, lors du sac de Rome par les reitres de Charles Quint.

« Il persuada au Roi de prendre la défense du Saint Siège et du Pontife persécuté (Clément VII, Médicis), — ce qu'il obtint, — quoique dans une conjoncture fort délicate.

« Ce Cardinal étoit fort homme de bien et avoit d'excellentes qualités, qui l'auroient porté sur le Siège Pontifical après la mort de Paul III (Farnèse), si l'empereur Charles Quint ne se fût opposé à son élection. Il mourut d'apoplexie à Ravenne le 28 octobre de l'an 1553 » (1).

Il était le frère aîné du glorieux Bernard Salviati qui, après avoir été chevalier de Malte, général, amiral de son Ordre, Grand-Prieur de Rome, vraie figure de héros, embrassa l'état ecclésiastique, devint évêque de Saint-Papoul sur la résignation de son frère (7 juin 1549), Grand-Aumônier de la reine Catherine de Médicis, évêque de Clermont, Cardinal en 1561, et mourut le 6 mai 1568 à Rome, où il est enterré, dans l'église de Sainte-Marie de la Minerve. J'ajoute que les Cardinaux Salviati eurent pour neveu le Cardinal Antoine-Marie Salviati, dit « le grand Cardinal » à cause de ses vertus. — Race splendide qui devait se fondre dans les Borghèse.

(1). Moréri, v. Salviati.

Voici la lettre du Cardinal Jean Salviati au Grand-Maître Anne de Montmorency :

Monseigneur, Messire Jacques Girolami, chambrier de nostre S‍t père, s'en va en Court pour certaines affaires que Vostre Seigneurie entendra. Je prie grandement icelle que, en ce qu'il dira de par moy, luy vueille prester telle foy comme sy je parloys en personne. Disant a Dieu, au quel je prie vous donner bonne vie et longue, me recommandant bien fort de vostre bonne grace.

De Parme ce quatriesme jour d'avril.

Et combien que led. Messire Jacques soit bon serviteur du Roy et de vous, Monseigneur, et n'a besoing d'aultre recommandation, neantmoings, tant comme je puys, je vous recommande.

V‍ṝ‍e filius Jo. Car‍lis † Salviati.

En suscription : « A Mons‍r le Grand M‍e. »

De cette lettre, — scellée du cachet aux armes du Cardinal, avec les insignes de sa très éminente dignité, — il appert que « Messire Jacques Girolami » était déjà connu à la Cour de France « comme bon serviteur du Roy », et l'on peut présumer qu'il y avait accompagné en 1527 le Cardinal légat, son zélé protecteur. Les premiers rapports des Girolami avec cette Cour seraient donc antérieurs au mariage du roi Henri II avec Catherine de Médicis, mais la protection de cette souveraine ne dût pas manquer non plus aux neveux de Jacques Girolami.

Je n'ai rien pu découvrir sur le « chambrier du Pape », mais son prénom me porterait à le présumer filleul du gonfalonier Jacques Salviati, père du Cardinal, — dont je souligne, en passant, la formule finale de tendre vénération envers le très glorieux Anne de Montmorency :

« *Votre fils Jean Cardinal Salviati.* »

Par ce qu'on a lu ci-dessus des Girolami, on a constaté le rang élevé qu'ils tenaient à Florence et leur très hautes alliances. Le P. Eugenio Gamurrini nous les montre apparentés aussi aux nobles familles Corteggiani, Della Fioraia et Della Sera (III, 55, 235 et 349). Vers 1450, Luigi Pazzi épousa Mattea, fille du docteur Jean Girolami (III, 117). Julien Ceffini fut marié, avant 1496, à « Francesca, fille de Philippe, fils de Zanobio de Girolami » (V. 310). Raphaël de Gherardi, né à Florence le 24 septembre 1538, était fils de Lottieri de Gherardi et de Dianora Girolami (II, 82).

Le nom des Girolami se rencontre très fréquemment dans les fastes de la république florentine, où ils occupent les charges les plus éminentes. En 1288, « le vieux Girolami, *il vecchio Girolami* » est un des principaux de la ville de Florence (II, 116). Guelfe, cette famille est persécutée par les Gibelins : en 1358, Jean Girolami, Neri Alamanni, Simon Gondi, et deux autres notables gentilshommes sont frappés de condamnations politiques (1) et, durant un siècle, écartés du gouvernement de la république (2). Le 29 novembre 1503, Florence envoie à Rome, pour complimenter le Pape Jules II, sur son élection, quatre ambassadeurs : Cosme Pazzi, évêque d'Arezzo, François, fils de Zanobio Girolami, Thomas Soderini et Mathieu Strozzi (IV, 200). En 1527, Charles Quint se trouvant à Gênes, Florence lui députe trois ambassadeurs : Nicolas Capponi, Thomas Soderini et Raphaël Girolami (II, 474). Deux ans après, le même Raphaël est un des six candidats du peuple à la suréminente fonction de Gonfalonier (3). Dans le même siècle, Piero Girolami est un des principaux de Florence (II, 230).

(1) Gamurrini, II, 458. — Scipion Ammirato, lib. XI, p. 417.
(2) « I. Girolami e gli Alamanni stettero per cento anni discosto dal governo della repubblica ». (Gamurrini, II, 458).
(3) Nardi, *Istoria di Fiorenza*, lib. VIII. — Gamurrini, I, 450.

Le rang élevé des Girolami est encore affirmé par leur admission dans l'Ordre illustre de Saint-Étienne, essentiellement aristocratique, dans lequel n'était admise que la première Noblesse de Toscane ; il accueillait aussi dans ses rangs, mais assez rarement, les gentilshommes d'autres pays ; tels, en 1622, le prince romain Don Bernardo Conti, duc de Poli, et le noble corse Jules d'Ornano, fils du capitaine Simon ; en 1668, le noble corse Valentin Farinola, fils d'Alexandre ; en 1692 et 1693, les nobles corses François Barbieri, fils de Simon, et Simon-Jean Favalelli, fils de Sauveur.

J'ai souvenance d'avoir lu que, peu de temps avant la révolution qui devait procurer des trônes à sa famille, « messire Joseph de Buonaparte », frère aîné de Napoléon, sollicitait son admission dans cet Ordre de Noblesse, et que sa demande demeura vaine. Quelques années après, « le citoyen Joseph Bonaparte » faisait du jacobin : était-ce par rancune ? Il déchanta quand il fut roi, — comme aussi, je suppose, ce soldat de la Révolution qui, devenu maréchal d'empire, puis prince, puis roi, ne devait pas, sans pâlir ou rougir ou sourire, lire sur son biceps ce tatouage à la fois terrible et comique : *Mort aux tyrans*.

Mais revenons aux Girolami.

Dans sa *Galleria dell'Onore* (Florence, 1735), le chevalier Antoine-Vivien Marchesi mentionne en la Liste des Chevaliers de Saint-Étienne de Toscane :

« 1611, 25 mars. — Le prieur et sénateur Pierre Girolami, fils de Léonard.

« 1665, 1er décembre. — Le bailli Pierre Girolami, fils de Zénobe.

« 1677, 25 mai. — Le bailli Zénobe Girolami, fils du bailli Pierre. »

III

De même que les Girolami, la très illustre famille des Pico, comtes de la Mirandole, à laquelle ils devaient être quelque peu apparentés, (1) n'avait pas attendu la royauté de Catherine de Médicis pour prendre pied en France. — Le 12 juin 1539, un acte authentique nous montre possessionné richement en Normandie « Galleoto Pico, Conte de la Mirandolle, seigneur usufructier du conté de Conches et Bretheuil (2) ».

Le 15 mai 1549, « Loys Pico, contin (3) de Lamyrande, gentilhomme ordinaire de la chambre du Roy, » donne quittance des gages de sa charge. — Mêmes quittances, en 1559 et 1568 par « Ludovico Pico, conte de Lamirande (4) ». Cette charge lui a été conférée en récompense de services militaires, qui lui méritent plus tard l'honneur insigne d'être agrégé à l'Ordre de Saint-Michel ; ce qui conste d'une quittance du 25 décembre 1572 : « Nous Loys Pico, conte de Lamirande, chevalier de l'Ordre du Roy, gentilhomme ordinaire de sa chambre... » ; cette quittance munie de son scel armoyé, où son écu est timbré d'une couronne à douze perles (sept visibles) (5).

Le 1ᵉʳ septembre 1571, au Bourg-Saint-Andéol, a lieu la montre et revue de la compagnie d'ordonnance du sieur comte de la Mirandole. — frère aîné du susdit Louis (6) ;

(1) Voyez ci-dessus la note 2 de la page 9.
(2) B. N., *Pièces originales*, dossier Pic, 2 parchemin.
(3) *Contino*, diminutif italien de *Conte* : titre de courtoisie correspondant à celui de vicomte, pris assez communément de nos jours, en France, par le fils aîné ou le frère puîné d'un comte.
(4) *Pièces originales*, Pic, 3, 4, 10, parch.
(5) Même dossier, 11 et 12, parch.
(6) B. N., Clairambault, tome 271, page 3429, parchemin.

le rôle en sera rapporté ci-après. Le comte de la Mirandole avait été pourvu de ce commandement par le Roi le 21 avril précédent ; il ne l'exerça pas longtemps, étant mort avant le 16 avril 1573; ce qui conste du fait qu'à cette date Charles IX, étant au camp de Nicul, donne à « Loys de la Mirande » la conduite de la compagnie de 50 lances fournies de ses ordonnances dont le Roi continue la charge à un enfant de neuf ans, neveu dudit Loys et qui paraît être mort avant le 16 janvier 1578, car à cette date son oncle a la charge en même temps que la conduite de ladite compagnie :

« Nous Loys Pico, conte de Lamirande, cappitaine de cinquante lances des ordonnances du Roy estans soubs nostre charge..... » (1).

Si je parle ici des Pic de la Mirandole et de la compagnie dudit Loys, c'est qu'il avait pour lieutenant celui des Girolami, Bernard, qui a le plus marqué au service de France, et au nombre de ses hommes d'armes Raphaël Girolami, — ce qui conste des actes dont suit l'analyse ou la transcription.

Du premier de ces actes, passé à Paris le 16 septembre 1570, il appert que Bernard Girolami servait depuis longtemps déjà, car il y est qualifié chevalier de l'Ordre du Roy : « Bernard Iherolamy » donne quittance au trésorier de l'Épargne Raoul Moreau d'un quartier de la pension de trois mille livres que le Roi lui a ordonnée pour son entretenement. Cette quittance est revêtue du scel de ses armes, en placard : l'écu porte : *un santoir accompagné en chef d'une mitre*, et est signée « Bernardo Girolami ».

---

(1) Même dossier, 13 et 17, parch. — La charge du capitaine de 50 lances des ordonnances du Roi donnait un rang équivalent à celui d'officier général dans notre armée actuelle.

1571, 31 décembre, Paris. — Bernard Iherolamy, chevalier de l'ordre du Roi, donne quittance au trésorier de l'Épargne Pierre de Ficte de la somme de mille livres tournois pour quatre mois de sa pension; ladite quittance signée comme la précédente, et scellée; même écu : sautoir et mitre.

Les services distingués de Bernard Girolami lui valent une nouvelle et brillante récompense : le Roi l'a fait Gentilhomme de sa Chambre.

1572, 22 juillet, Paris. — « Bernard Girolamy, chevalier de l'Ordre du Roy et gentilhomme de sa chambre », donne quittance au trésorier de l'Épargne Guillaume le Jars de la somme de 150 livres tournois pour un quartier de ses gages de gentilhomme ordinaire de la Chambre de Sa Majesté; ladite quittance signée comme ci-dessus et scellée; même écu : sautoir et mitre (1).

1572, 1er septembre. — Rôle de la compagnie du comte de la Mirandole, duquel appert que « Messire Bernard Girolamy, italien, chevallier de l'Ordre du Roy », avait été pourvu de la lieutenance de cette compagnie le 18 janvier précédent, et que Raphaël Girolami, peut-être son frère, y servait également, avec le rang d'homme d'armes.

Roolle de monstre et reveue, faicte en armes au bourg Sainct Andéol le premier jour de septembre 1572, de 25 hommes d'armes et 33 archers, du nombre de 50 lances des ordonnances du Roy, de présent reduictz à 30, estans soubz la charge et conduicte du sr Conte de la Mirandole, leur cappitaine, sa personne et celle des autres chefz y comprinses... Icelle [monstre et reveue] servant à l'acquict de Me Estienne de Bray, conseiller du Roy et

(1) Pièces originales, GIROLAMI, 2, 3, et 4, parchemins.

tresorier ordinaire de ses guerres, suivant le payement qui en a esté faict par Jherosme Habert, commis au payement de lad. compagnie; desquelz hommes d'armes et archers les noms et surnoms ensuivent. Premierement :

Chez : Monsieur le Conte de La Mirande, cappitaine, pourveu par le Roy en lad. charge et cappitainerie dès le 21ᵉ jour d'avril 1571; absent et excusé.

Messire Bernard Girolamy, Italien, chevallier de l'Ordre du Roy, lieutenant, pourveu par le Roy de lad. lieutenance le 18 janvier 1572, et lequel a esté payé de sond. estat et place dud. quartier d'avril may et juing, en tout, present et passé, 262 livres 10 s. tz.

Gilbert de Marcassat, sʳ dud. lieu, mareschal des logis.

Hommes d'armes : Vincent Arnardin, lucquois; Phlippes de Chazalles; Gilbert de Rollat; Phlippes Beraldy, florentin; Marin de Tours, néapolitain; Laurens Galvani, de Sienne; Anthoine de la Mirande; Hercules de la Mirande; Francisco de Ferrare, italien; Paul Romain de Galeyse, italien; Raphaelo Girolamy, italien; Pietro Landy, italien, demeurant à Lyon; Julino de Landis, néapolitain; Pietro de Galeyse, italien; Guillaume Le Blanc, sʳ de Sauzay....

Archers : Jehan de Bry, Marc de Bry, Mathieu de Bart, Pierre Le Brun, Sébastien de Chabanes; J.-B. Bandinely, florentin; Servais de la Fontaine, Loys du Bec; Berthelemy Borso de la Mirande; Bastien de la Faye, Anthoine Gonet; Annet Guingnard dict Montanhie demourant à Lyon; Françoys Bard, Bernard de Mireau; Anthoine Vachon; Sébastien de Chazaletz; Charles de Grandval, sʳ de la Coste, pays de Bourbonnois.....

Nous Bernard Girolamy, chevallier de l'Ordre du Roy, lieutenant d'une compaignie de cinquante hommes d'armes reduictz à trente, des ordonnances dud. seigneur, estans soubz la charge et conduicte de Monsieur le Conte de la Mirandolle, Loys Gaspard, s' de Pravens, commissaire, et Pierre Guillon, controolleur ordinaires des guerres, Certiffions à messieurs les gens des comptes du Roy nostre sire et tous autres qu'il appartiendra ce que s ensuict...... En tesmoing de quoy nous avons signé le present roolle de noz mains et faict sceller du scel de noz armes. Au bourg Sainct Andeol le premier jour de septembre 1572.

Bernardo Girolami.

L. de Praveins.   Guillon (1).

Sur ce rôle Bernard Girolami a apposé près de son seing le cachet de ses armes ; même écu : sautoir et mitre.

Le lendemain, 2 septembre 1572, « Bernard Girolamy, chevallier de l'Ordre du Roy, lieutenant d'une compaignie de cinquante hommes d'armes reduictz à trente, des ordonnances dud. seigneur, estans soubz la charge et conduicte de Monsieur le Conte de la Mirandolle », donne quittance audit Estienne de Bray, trésorier ordinaire des guerres, de la somme de 262 livres 10 sols tournois pour ses appointements de lieutenant de ladite compagnie (2).

1573, 5 novembre, Montpellier. — Bernardo Giroiami, chevalier de l'Ordre du Roi, lieutenant de la compagnie de trente lances des ordonnances dudit seigneur étant sous la charge du s' Pico de la Mirande, donne quittance de ses gages de lieutenant au trésorier des guerres Galmet,

(1) Clairambault, t. 271, p. 3429, parchemin.
(2) *Pièces orig.*, Girolami, 5, parchemin.

représenté par Jacques de la Croix, son commis, payeur de ladite compagnie (1).

1574, 6 février, Bourg-Saint-Andéol. — Même quittance de « Bernard Hierolamy, chevalier de l'Ordre du Roy, lieutenant de la compaignie de cinquante lances des ordonnances dud. seigneur estans soubz la charge de messire Loys Pico de Lamirande (2), dont la montre et reveue a été faite ce même jour, audit lieu, « par nous Denys Viart, seigneur des Forges, et Nicolas Girard, commissaire et controolleur ordinaires des guerres » :

Roolle de la monstre et reveue faicte en armes, au bourg Sainct Anduel en Languedoc, de cinquante hommes d'armes des Ordonnances du Roy nostre sire estans soubz la charge du Seigneur Loys Picco de la Myrande...

CHEFZ

Le Seigneur Loys de Lamyrande, Chevalier de l'Ordre du Roy, Cappitaine de lad. compagnye.

Messire Bernard Girolamy, aussi Chevalier de l'Ordre dud. seigneur, Lieutenant.

Le Sr Claude Maffey (3) de la Mirandolle, Enseigne.

Edmond Trot (4), Guidon.

Gilbert de Marcassat, S^r dud. lieu en Bourbonnois, Ma^{al} des logis.

HOMMES D'ARMES

Jacques de Rochain, de Lestoille en Daulphiné.
Phelippe de Chazelletz, S^r dud. lieu en Vellay.

(2) Même dossier, 7, parchemin.
(2) Même dossier, 8, parchemin.
(1) Maffei.
(2) Trotti.

Jehan Phelippe Trot, italiein.
Pierre de Montcal, de Lyon.
Jehan de Rampin (1), de Florence.
Raphael Hierolamy, italyen.....

ARCHERS

Françoys de Seron.
Lyon de la Sausaye, demourant en Beaulce.
Hercules Ysnart, de Savoye.
Hugues Gourt, de Bezançon.
Jehan de Colombat, d'Eschelles en Daulphiné.
Bastian de la Faye, seigneur dud. lieu au Perche.
Hierosme Ricio (2), neapolitain.
Anthoine Gonnet, demourant en Masconnoys.
Jehan de Pacolault, de Rouanne.
Anthoine de Sainct Paul, seigneur de Montgrenyer.
Toussainctz de Mery.
Gilbert de Viol, etc. (3).

Peu de temps après cette revue, tout en conservant sa lieutenance de la compagnie de la Mirandole, Bernard Girolami, à raison de son expérience et de ses mérites, et aussi peut-être de quelque lien de parenté avec ses compatriotes les Condi (4), était envoyé par Henri III avec le grade de maréchal de ses camps et armées, pour servir en Provence sous et » près le maréchal de Retz (Albert de Gondi) ;—ce qui appert de ce mandement du Roi, donné le 1er décembre 1574 à Avignon :

Commissaire et Contrerolleur ordinaires de noz guerres qui faictes la monstre de la compagnie du seigneur Loys

(1) Rampini.
(2) Riccio.
(3) Clairambault, t. 274 p. 3931, original en parchemin.
(2) Voyez ci-dessus la note 2 de la page 9.

de Ladmirande pour le quartier de janvier, février et mars dernier passé, d'aultant que le seigneur BERNARD HIEROLAMY, naguières lieutenant de lad. compaignie en laquelle il auroit actuellement faict le service, a esté pourveu d'un estat de Mar.ᵃˡ de camp en nostre pays de Provence près de nostre cher et bien amé cousin le Mar.ᵃˡ de Retz où il est de présent pour nostre service et exprès commandement : A ces causes nous vous mandons et expressément enjoignons par la présente que sans aucune difficulté vous faictes et ordonnez payement estre faict aud. Sʳ Bernard de sesd. estatz et place pour led. quartier de janvier, nonobstant la rigueur de noz ordonnances, ausquelles, pour le desir que Nous avons de le gratiffier, Nous avons, pour ce regad et sans consequence, derogé et derogeons par ces presentes, et mesmes à la derogatoire d'icelles et generallement à tout ce qui vous pourroit estre pour ce regard objecté, dont Nous vous avons dispencé et dispençons, encor bien qu'en ayez ja faict lad. monstre et que n'ayez encores proceddé à la closture des roolles d'celle. Car tel est nostre plaisir. Donné à Avignon le premier jour de decembre 1574,

HENRY,

BRULART (1).

Le 18 avril suivant, Bernard Girolami, chevalier de l'Ordre du Roi, lieutenant de la compagnie de trente lances des Ordonnances de Sa Majesté, sous la charge et conduite du comte de Lamyrande, confesse avoir reçu d'Estienne de Bray, trésorier ordinaire des guerres, par les soins de Pierre de Bermond, payeur de la gendarmerie, et commis au payement de la dite compagnie,

---

(1) Clairambault, t. 128, n° 88, original en parchemin. — M. le baron Maxime Trigant de Latour a publié ce mandement dans son étude précitée p. 8 col. 2.

235 livres 8 sols 4 deniers tournois, ordonnées : 1° sept vingt dix livres 19 sols 5 deniers 5 tiers de deniers tournois pour son état de lieutenant, et 84 livres 8 sols dix deniers tournois pour sa place d'homme d'armes à la dite compagnie, durant deux mois seize jours du quartier de juillet, août et septembre 1574. (1).

1575, 17 mai, Pont-Saint-Esprit. — Le même, lieutenant de la compagnie de trente lances des Ordonnances du Roi sous la charge de capitaine de Lamyrande, confessse avoir reçu à Pont-St Esprit, dudit Estienne de Bray, par les mains d'Hélye de la Court, payeur de la compagnie de M. le maréchal d'Ampville et commis au paiement de la dite compagnie, la somme de 262 livres 10 sols tournois, dont 162 livres dix sols tournois pour sa place de lieutenant, et cent livres pour celle d'homme d'armes à la dite compagnie en janvier, février et mars 1574 2).

Après le 17 mai 1575, on ne trouve plus rien sur Bernard Girolami ; peut-être était-il tombé dans quelque bataille ou bien, aux approches de la vieillesse, avait-il pris sa retraite et regagné Florence. Le seul acte relatif aux Girolami que nous ayons après 1575 est du 10 juin 1588 (3) et concerne Raphaël, présumé son frère, peut-être son fils, car il paraît lui avoir succédé dans sa charge de Gentilhomme de la Chambre du Roi. J'avais seulement pris l'analyse de cet acte ; je préfère en emprunter du baron Trigant de Latour la teneur intégrale :

Nous Raphaël de Girolami, gentilhomme de la chambre du Roy, confessons avoir reçu comptant de maistre Jacques le Roy, conseiller au conseil d'estat du dict sei-

---

(1) *Pièces orig.*, GIROLAMI, 6, parchemin.
(2) Même dosier, 9, parchemin.
(3) Même dosier 10, parchemin.

gneur et trésorier de son espargne, la somme de deux cent cinquante escuz à nous ordonnée pour estre venu de Blois à Mantes trouver Sa Majesté pour affaires concernant son service, et pour avoir aussi esté par commandement de sa dicte Majesté du dict Mantes à Paris trouver la Royne sa mère, et à nostre retour à Vernon et dudict Vernon à Loches y trouver M. le duc d'Espernon, le tout pour le service de sadicte Majesté et en diligence et sur chevaux de poste, de laquelle somme de 250 escuz nous nous tenons pour content et bien payé, et nous en avons quicté et quictons le sieur le Roy, trésorier de l'espargne susdict, et tous autres. En tesmoing de quoy nous avons signé la presente ce X° du jour mois de juing 1588.

R. DE GIROLAMI

Cette quittance est intéressante à plus d'un égard : elle nous révèle d'abord que Raphaël de Girolami, l'ancien homme d'armes du comte de la Mirandole, était grandement dans la faveur de Catherine de Médicis et de Henri III ; il faisait bon d'être florentin, sous le ciel de France, au temps des reines Médicis ! Puis nous voyons que le gentilhomme de Florence a empanaché son vieux nom suivant la mode française qui, déjà, prête au préfixe *de* un sens de distinction. Enfin, la quittance est munie du scel armoyé dudict Raphaël, ce qui permet de constater que son blason est absolument le même que celui de Bernard Girolami, *un sautoir accompagné en chef d'une mitre*, et que le 1 du *parti* de M. l'abbé François Girolami de Cortona, à qui j'offre, — trop tardivement, — cette modeste étude, hommage bien dû à ses aïeux et à ses mérites.

Vannes. — Imprimerie LAFOLYE.

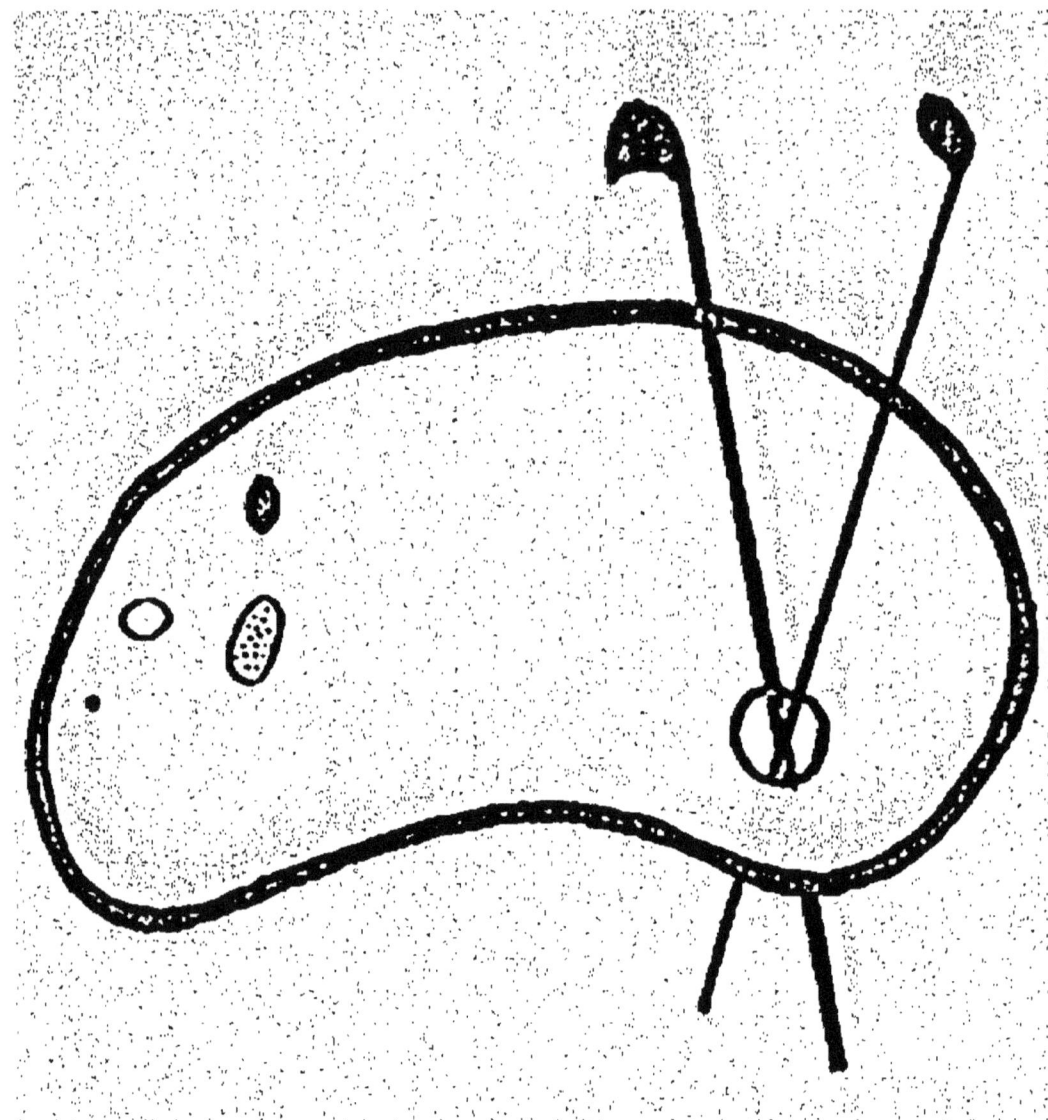

ORIGINAL EN COULEUR
NF Z 43-120-8

www.ingramcontent.com/pod-product-compliance
Lightning Source LLC
Chambersburg PA
CBHW060615050426
42451CB00012B/2266